می‌خواهم
ایستاده
بمیرم

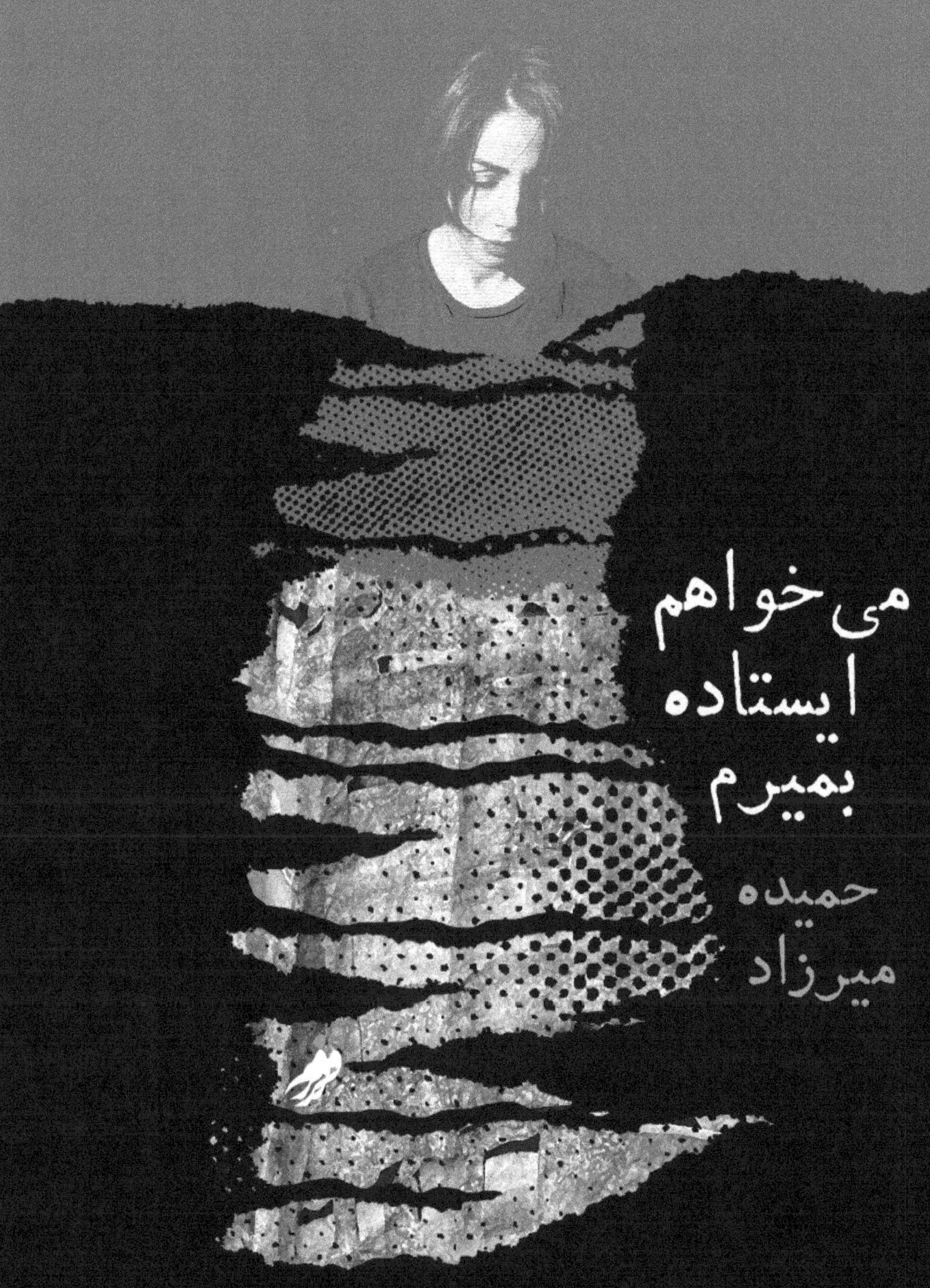
می خواهم ایستاده بمیرم
حمیده میرزاد

می‌خواهم ایستاده بمیرم

حمیده میرزاد

مدیر نشر: حمیده میرزاد

صفحه‌آرایی و طرح جلد: وحید عباسی

چاپ دوم – ۱۴۰۳، نروژ

شمارگان: نامحدود

شابک: ۷-۷-۶۹۳۳۷۸-۸۲-۹۷۸

I want die standing up
Hamide Mirzad
Page layout and cover design: Wahid Abassi
First edition : 2024, Norway
Number of prints: Unlimited
ISBN: 978-82-693378-7-7

www.formbook.org
info@formbook.org

حس من از پرنده شیرین است، باورم هست سوی پنجره‌ها
عشق را لمس کرده‌ای آیا، در شب گفت‌وگوی پنجره‌ها؟

در افق باربار می‌رقصد، گیسوی عاشقانه‌های سپید
می‌رود تا که وام گیرد مهر، از تب خلق‌وخوی پنجره‌ها

آری امشب سکون مطلقم و از زمستان پیش رو دورم
سایه‌بانم فقط، فقط دستی‌ست، دستی از روبه‌روی پنجره‌ها

تا معمای آسمان حل شد، پیش چشم غرور مردم شهر
نالهٔ اعتراض معنی شد، در سکوت گلوی پنجره‌ها

گر بهار سپید می‌خواهی، باید از انزوا برون بروی
باز و روشن کند خیالت را، باز هم عطر و بوی پنجره‌ها

اما که از این غبار می‌گذریم، با گریز از جهالتی مفرط
بهتر این است، این‌که ساخته‌ایم، شعر از های‌وهوی پنجره‌ها

باز فریاد کن رهایی را، امتداد شکفتنی دیگر
انعکاس صدای ما جاری‌ست از بلندای کوی پنجره‌ها

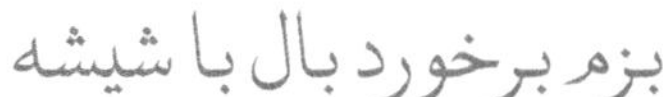

بزم برخورد بال با شیشه

می‌شکافد سیاهی شب را، آخرین لای‌لای ِ یک مادر
عشق، پیچیده در کلام تَرش، آتشی خفته زیر خاکستر

پشت کلکین بسته‌ای امشب، بزم برخورد بال با شیشه‌ست
گوئیا در تلاش آزادی‌ست، سینه‌سرخی غمین و خونین پر

سینه‌سرخی که بال‌هایش را، دست تقدیر یک به یک چیده‌ست
زخم چرکین و کهنهٔ او را، واژهٔ آسمان زند نشتر

پشت سیلاب اشک و تنهایی، مرگِ نامرد می‌تکاند دست
سهم زن از جهان هستی چیست؟ آسمانی تهی و بی اختر؟

با توام در عبور حادثه‌ها، با تو در کوره‌راه حسرت و درد
از هرات، این خیال آتش و دود تا سکوت تو در شبی دیگر

گرچه امروز غرق پاییزی، با حلولِ بهار روشن عشق-
می‌تراود ز دامن پاکت، همچو عطر گلاب و نیلوفر

تا تو از کوچه‌باغ احساست، گل بیاری سبدسبد با مهر
سوژه‌های غم غریبت را، می‌سُرایم غزل‌غزل، دختر

قهقرای درد

جست‌وجو کن در صدای نی، بشنوی شاید صدایی را
بشنوی از بندبند نی، های و های گریه‌هایی را

در سکوت قهقرای درد، این جهان بی‌سرانجامی
مضحک و بی‌جان و بی‌جنبه! کشت شب در خود خدایی را

مانده‌ای در خلوت خاموش، دورِ دور از استوای خویش
ساختی در قطب تنهایی گوشه‌های انزوایی را

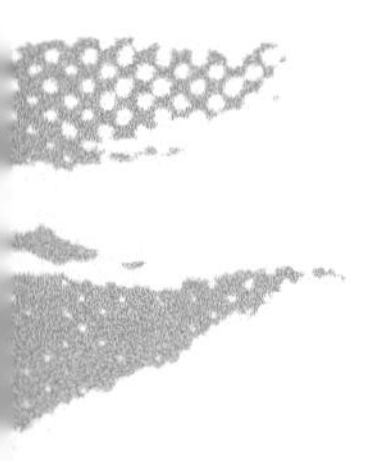

همچو یک آتشفشان سرد، شعله‌ای تابنده می‌باید
تا بسوزی در شرار خویش ابتدا تا انتهایی را

شاید از نو عشق برگردد، تا بیاید غرق گل سازی
غرق یاس و مریم و سوسن، در قدم‌هایش سرایی را

غبار چهره

این حصار تیره را، نور سحر خواهد شکست
صبح، خفاش سیه را، بال و پر خواهد شکست

گرد غربت دارد این‌جا چهرهٔ آیینه‌ها
این غبار چهره‌ها، بار دگر خواهد شکست

سفرهٔ دل پر ز نان داغ صدها لاله شد
التهاب سفره را، مژگان تر خواهد شکست

این خزان چند ساله، رنگ خون و آتش است
نم‌نم باران، عطش را در شرر خواهد شکست

باز هم در باغ ما صد غنچه گل خواهد شکُفت
با بهاری نو سکوت بی‌ثمر خواهد شکست

چشمانت

بیا که گشته دلم بی‌قرار چشمانت
بیا که غنچه دهم، در بهار چشمانت

سرود سبز منی، ای همیشهٔ غزلم
شکوه هر کلمه! یادگار چشمانت

و منتهای تمنای من تویی! ای خوب
چه می‌شود که شوم همجوار چشمانت

بگیر دست دلم را که داغِ داغ شده‌ست
بگو که می‌بری‌ام سایه‌سارِ چشمانت

زمن شکسته‌تری نیست این تو و این سنگ
دل است و دست تو و اختیارِ چشمانت

ناشکیب

تو می‌روی و دلم ناشکیب می‌ماند
و بی حضور تو، چشمم غریب می‌ماند

بمان که بی تو فرازی به خود نمی‌بینم
دو پای خستهٔ من در نشیب می‌ماند

و گل نمی‌کند این بغضِ در گلو مانده
سرم ز شانهٔ تو بی‌نصیب می‌ماند

بهار، می‌روی اما همیشه خاطره‌ات
به ذهن سادهٔ گل‌ها نجیب می‌ماند

تو می‌روی و من و جسم خالی از روحم
عجین به خواندن «اَمَّن یُجیب» می‌ماند

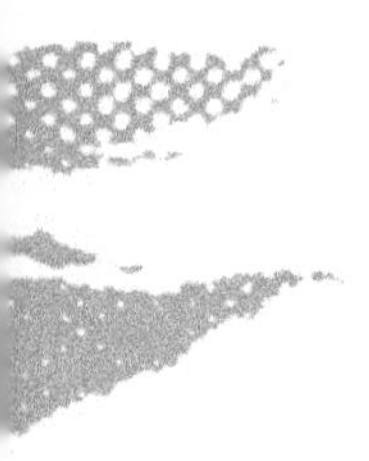

خیال کودکانه‌ام

چه بی‌صدا شکسته‌ای ترک‌ترک برای من
شب دراز غصه‌ها تو شمع دیرپای من

به التماس ماندنت، شکست پشت طاقتم
و گریه‌های نیمه‌شب که گشته آشنای من

نماز و سجده و رکوع، سحرسحر حضور دل
به شهر عشق خوانده شد فسانهٔ دعای من

ولی تو رفتی و من و غروب و ازدحام درد
تو را به خویش خوانده بود، مرا به غم، خدای من

خیال کودکانه‌ام، و بی تو غرق حسرتم
سکوت رد پای توست، که مانده در صدای من

من از طلیعۀ صبحِ بهار می‌آیم
ز دشت لالۀ سرخِ مزار می‌آیم

ز گلشن غزل غزنوی و کابلِ جان
زلال چون لب آمو کنار می‌آیم

قبیله‌ام همه آماجِ خشمِ باد شدند
سیاه‌پوشِ عزای تخار می‌آیم

من از سلالهٔ دردم، ملامتم نکنید
که از وخامت یک انفجار می‌آیم

هزار بار اگر بشکنند قلم‌ها را
غزلسرا چو نوای هزار می‌آیم

هزار واژه و تصنیف در بغل دارم
به جنگ حادثه و انتحار می‌آیم

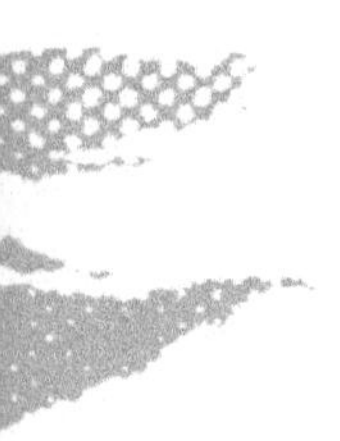

باد نابلد

بی‌کس، شبی پر گریه بودی، بی‌امان در برف
در دستِ بادی نابلد، بی‌خانمان در برف

پیچیده دل را در حریر اشک خود، بی‌تاب
رقصنده یک تصویر بی‌روح و روان در برف

در خون نشستی باغ سرسبز خیالاتم
با سرفه‌های گاه‌گاه آسمان در برف

با ابرهای تیره هم‌آغوش می‌گردد
آهی که از این سینه کرده آشیان در برف

جانم سفر کردی به اشراقات لاهوتی
گرم است جایت همچو یک آتشفشان در برف

ارباب زمستانی

شبم تاریک و دل روشن، چو مهتاب زمستانی
مرا بیدار می‌سازد، گه از خواب زمستانی

غزل‌پرداز و عاشق‌گونه با زنجیر احساسم
مرا بیرون کشید آسان، ز تالاب زمستانی

مه‌آلوده است این دنیا و تقدیری که در چرخش
بلورین ساخت دریا را به آداب زمستانی

ملالی نیست جز دوری، وبالی نیست جز حسرت
منم خاموش و تبعیدی، به سرداب زمستانی

هراس از تیغ بُرّان نیست، دنیا مرگ تدریجی‌ست
نیفکن بر دلم اندوه، ارباب زمستانی

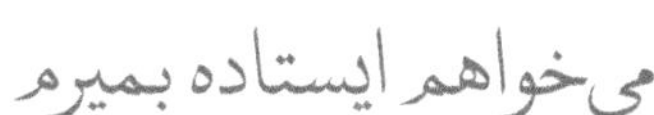 می‌خواهم ایستاده بمیرم

دلخور نی‌ام که طالع من درد می‌کشد
باور کنید مغز سخن درد می‌کشد

طوفان به موی کودک غم شانه می‌زند
مردی در اشک گم شده، زن درد می‌کشد

از بس که گرگ مرگ به در حلقه می‌زند
تابوت و شانه، صبر و کفن درد می‌کشد

خاکستری است تارک صبح و تمام باغ
در خون نشسته، نسل چمن درد می‌کشد

سردار نامدار غزل‌های مشرقی
حالا بیا، که جان وطن درد می‌کشد

اینجا حریم کشور دل را شکسته‌اند
غزنی، کُنَر، هرات کهن درد می‌کشد

خون بر زلالی غزلم طعنه می‌زند
سرخ است واژه‌ها و دهن درد می‌کشد

می‌خواهم ایستاده بمیرم، دریغ و درد
زانوی ناله خم شده، تن درد می‌کشد

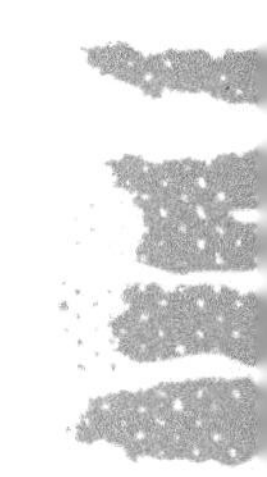 بدون تو

بیزارم از تلألوی باران بدون تو
از این غروب ممتد و یکسان بدون تو

تا پای مرگ پا به زمین می‌کشید عشق
می‌رفت خسته، بی‌خود و حیران بدون تو

با آن قطار و یک چمدان و دو کوله درد
آغاز بود، نقطهٔ پایان بدون تو

سبز است سبز، بستر دریای چشم تو
طوفان شده‌ست مسلخ و بحران بدون تو

برگرد ای همای سعادت، صفیر مرگ
پر می‌زند به شانه، چه آسان بدون تو

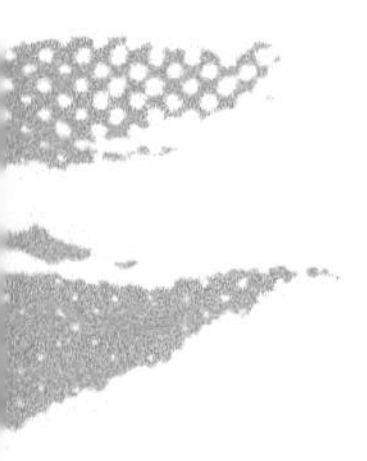

لمس زندگی

شبی خیالِ ناب را کمی به بر کشیده‌ام
بغل بغل ستاره را، به چشم تر کشیده‌ام

کنار ایستگاه شب، تو را مرور کرده‌ام
و با دو بال خلسه‌ام به سوت پر کشیده‌ام

به شوق لمس زندگی، چو مرغکی مهاجرم
تمام عمر رفته را چه دربدر کشیده‌ام

مرا در آخرین سفر چه ساده جا گذاشتی
به زیر ابر بارشی که تا سحر کشیده‌ام

مرا کجا کشانده‌ای؟ که جان نمانده در تنم
تو را چو جام شوکران به غمزه سر کشیده‌ام

آغوش تجلی تو

در گیرتوام، باد شو، از شاخه بچینم
باران عطشناک‌ترین دشت زمینم

امشب، غزل و اخگر زرین خیالت
آتش زده بر خرمن اندیشه و دینم

گه دلخوش ناز تو و گه خستهٔ قهرت
مدهوش توام من، نه چنانم، چه چنینم

تا کی گذر ثانیه را باز به تکرار
با دوری تصویر چو ماهِ تو ببینم

«تا کی به تمنای وصال تو، یگانه»
در فصل غم و غربت پاییز نشینم

پرواز کنم، تا افق سبز نگاهت
آغوش تجلی تو فردوس بَرینم

تو شیر و شکر هستی و من قهوهٔ تلخی
فنجان من و لطف تو ای خوب ترینم

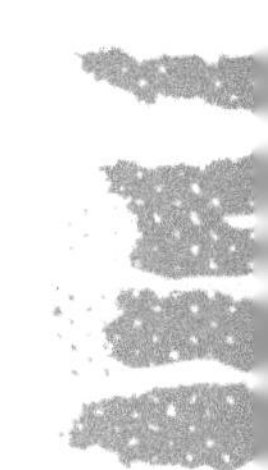

سهم عشق

باد و باران است از شهر بهاری سهم عشق
از تب آواز، ساز بی‌قراری سهم عشق

از رخ زیبای دلبرهای شرقی، تا سحر
حسرت آغوش و سیگار و خماری سهم عشق

از قدم‌های مکرر، از شکستن‌های دور
تیک‌تاک ساعت و چشم انتظاری سهم عشق

فاصله، اجبار سنگینی که پُشتم را شکست
از تو اشک و خلسه و شب زنده‌داری سهم عشق

سهم من از عمر، تابوتی‌ست بر دوش فلک
حضرت دل، از تو هر شب سوگواری سهم عشق

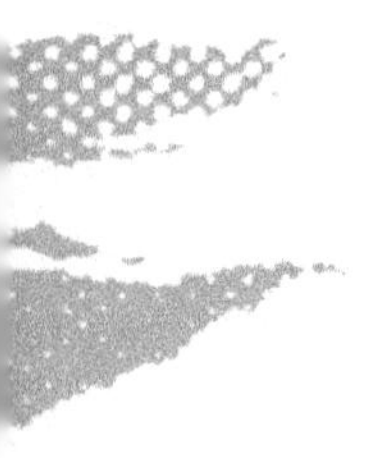

مادرانه

تمام غربت دل را ترانه خواهم ساخت
به سایه‌سار خدا آشیانه خواهم ساخت

حریر دامن من گرم مهربانی‌هاست
حریم امن تو را مادرانه خواهم ساخت

تنم کهیر زده، زخم‌زخم نامردی‌ست
به رنگِ آتشم امشب، زبانه خواهم ساخت

زبانه می‌کشم اما به نام نامی زن
هزار واژهٔ نو، شاعرانه خواهم ساخت

برای حفظ حریم کمند مویم را
کمانه می‌کنم و تازیانه خواهم ساخت

تولدی دیگر

دلخوشم با تولدی دیگر، جرعه‌ای آفتاب هدیه کنید
خالی از اضطراب و مکر و ریا، یک قصیده شراب هدیه کنید

سایه‌سایه عبور تنهایی، چشم در چشم اشک و دلتنگی
آسمان غریب و مه‌زده را، لحظه‌لحظه شهاب هدیه کنید

حجم رنگینی از تبسم مهر، کیک شیرین عشق و یکرنگی
سوختن در مرام ماست مرا، قدحی التهاب هدیه کنید

سال‌های گذشته فوت شدند، با هجومی ز آه نیمه‌شبان
پرسشم از هراس فرداهاست، لطف کرده، جواب هدیه کنید

کودکانم تجسم عشق‌اند، پرِ پروازشان شوم یک عمر
آسمانم اگر که ابری شد، پرتو نور ناب هدیه کنید

من سزاوار این همه لطفم؟ این همه عشق سبز و سرخ و سیاه...
گر نی‌ام پس برای کشور دل، موجی از انقلاب هدیه کنید

شهر طلایی

بگو با من از اعماق نفس‌های غمین خویش
از اندوه زمستان، مردم چادرنشین خویش

بگو شهر طلایی! آرزوهایت کجا گم شد؟
و تا کی اشک می‌باری تو بر زخم جبین خویش

بگو با من، که در دل انقلاب مرگ پیچیده‌ست
صدایم در گلو بشکسته از رشک طنین خویش

مگر تاریخ تلخت در شبستان غزل خفته‌ست؟
که چشم واژه‌ها تر گشته از صوت حزین خویش

تو را آزاد می‌خواهم، رها، چون کوه پامیرت
تو را فرزند فردا، خوانده فردوس برین خویش

در آغوشت چه آسان می‌شود خندید و باور کرد
چه آسان می‌شود پرواز، در حجم زمین خویش

تمام سهم فرداها، مرا از غربت امروز
ببر تا سرزمین عشق، آغوش حصین خویش

دولت قهار مژگانش

غزل گفتن برای چشم تو تا صبح شیرین است
اگر پاییز هستم، فصل عشق و شرم رنگین است

سیاست‌های سرد دولت قهار مژگانش
به حق ملت دلدار یک کابوس غمگین است

مرا بی‌بال‌وپر خواهند و غیرت‌نامه‌ای از دور
شماتت می‌کند ما را، غمش باران بالین است

کلاف پیچ در پیچی شده قانون و زن بودن
اگر خاموش می‌میرم، حکم شرع و آیین است

مرا آسوده‌تر، آرام‌تر با خود ببر، جانم
تنم بیماری سُنت گرفته، زخمی دین است

اندیشه‌ای شرر زده بر دشت فطرتم
قدری نفس کشیدن امانم نمی‌دهد

عشقت کجا نشسته، کجای دیانتم؟
دل را ربوده از تن و جانم نمی‌دهد

یک انجمن سخن شده‌ام بهر گفت‌وگو
استاد شرم هیچ! زبانم نمی‌دهد

تاوان مهربانی دل یک بغل غم است
بغضم برای خنده، زمانم نمی‌دهد

این زندگی لعنتی بی‌بهانه هیچ
انگار، روی باز نشانم نمی‌دهد

شکوه رستم دستان

بهار آمد و دل بی‌قرار غربت ماست
هنوز دشت جنون وامدار حیرت ماست

مگر نه این که تمام جهان غریب غریب
نشسته در خم این کوچه، محو غیرت ماست؟

از این خزان گذشته، شب تباهی‌ها
غروب غمزدهٔ جمعه‌ها غرامت ماست

هزار بار شکستیم، باز برخیزیم
شکوه رُستم دستان، نشان هیبت ماست

به یُمن آمدن یک مزار لالۀ سرخ
بیا که سبز شویم سبز، این فخامت ماست

کمک نکرد

ما را طلوع صبح بهاری کمک نکرد
نهر عمیق و چشمهٔ جاری کمک نکرد

در ازدحام حادثه‌های غریب شهر
شعر و حدیث شاعر و قاری کمک نکرد

پاییز، ماندگارترین دختر شب است
یک شاخه گل، به صوت قناری کمک نکرد

گویا زمان! عقب به عقب می‌کشانی‌ام
تا روزهای تلخ که زاری، کمک نکرد

چیدند غنچه‌های زمین را یکی‌یکی
ترس از وجود بوتهٔ خاری، کمک نکرد

شبتاب‌های منطقه گاهی برآمدند
اما نه، این به چشم شکاری کمک نکرد

مهربی تمدید

تو تقدیر منی، با تو شب امید روشن شد
فضای ابری من با تب خورشید روشن شد

دریغا با ورود خود، تو را گم می‌کنم گاهی
زنی که در وجود خود، تو را نالید روشن شد

تمام دلخوشی‌هایی که دیروز مرا کشتند
تمام سهم خوشبختی که می‌رقصید، روشن شد

خیابان‌های خالی با سکوت تلخ مرگ‌آلود
که از پشت هراس و درد می‌خندید روشن شد

به دالان‌های ذهنم یک سگ ولگرد می‌چرخد
سگی که چشم‌هایش با کمی تردید روشن شد

منیت‌های دردآلود من با یک دو جرعه عشق
مرا از خویش بیرون راند و بی‌تأیید روشن شد

شبی که خواب دیدم شانه‌شانه می‌بری من را
غروب زندگی با مهر بی‌تمدید روشن شد

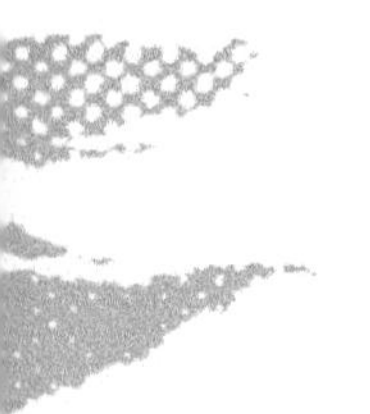

رشک زمستان

ابرم که با صبر و یقین، هر روز باران می‌شوم
پاییز را گم می‌کنم، از شب گریزان می‌شوم

یخ می‌زنم یک لحظه و شرمم حصاری بر تنم
با هر بهار پشت در! رشک زمستان می‌شوم

این باور و تمکین من، بال و پرم را بسته است
تا در دلی گل می‌کنم، زودی پشیمان می‌شوم

تا زن شدم زاییده شد از من جنین دردها
تاریخ زخمی بر تنم، پاسوز ایمان می‌شوم

خورشید دل‌افروزم و گاهی کسوف دردها
با شب قرینم می‌کند، دخت خراسان می‌شوم

وامدار کشور دل

به یُمن مقدمت ای گل، بهار خواهم شد
غزل‌غزل به تو امیدوار خواهم شد

هراس بی تو شدن کمتر از تباهی نیست
به بی‌قراری مفرط دچار خواهم شد

برای با تو شدن، وامدار کشور دل
گهی مزار و کنر، گه تخار خواهم شد

سیاه! موی من از یک هرات آتش و دود
به شعله‌های هوس انتحار خواهم شد

سکوت، ساده‌ترین راه عشق و تمکین است
به جرم داشتنت سنگسار خواهم شد

آرمان دور

با دعوت درد و جنون مستانه می‌رقصم
نامش اگر عشق است، معصومانه می‌رقصم

چشمان خیس و لرزش دل، آرمانی دور
در آتش تقدیر خود مردانه می‌رقصم

شب در فرار از خویش و از سودای تنهایی
با ساز ناموزون هر بیگانه می‌رقصم

مکر تبسم‌ها مرا در خویش می‌پیچد
حیران و سرگردان در این ویرانه می‌رقصم

آوار دنیا بر سرم، پازیب من عشق است
برخرده‌های این دل دیوانه می‌رقصم

اجبار سنگینی‌ست مرگ خاطرات دور
با درد این شلاق‌ها، جانانه می‌رقصم

ای وای! تابوتی‌ست روی شانه‌های خلق
تو در تماشایی و من بر شانه می‌رقصم

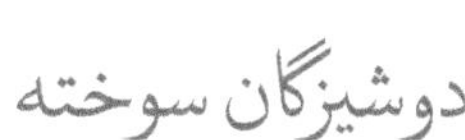

دوشیزگان سوخته

یک زن اسیر پنجره، دل‌ها زمستانی
در مه فرو رفته حقیقت، شهر طوفانی

دوشیزگان سوخته در بزم خون‌بازی
رقاص آتش می‌شوند و گرم طنازی

زندانیان سُنت وخشم و خطاپوشی
تازه‌عروسان پریوش، مهد خاموشی

موهای درهم‌پیچ‌شان چون بیدها، مجنون
این‌جا چه ارزان است چشم ناز یک خاتون

نان‌آوران کوچه با پائیز هم‌دردند
از سوز سرما قرمز و از ناخوشی زردند

از شعر ناب کودکی یکباره خط خوردند
چو غنچه درتاب‌وتب تقدیر پژمردند

هر شب هرات چشم من ابری و بارانی‌ست
روحم اسیر کوه پر برف بدخشانی‌ست

دلواپس اندیشه‌های سبز و رؤیایی
دردا که در خود بشکند صوت اهورایی

سوز و گداز من چنین با اشک، با حسرت
دستی بر آتش می‌شود از دور، از غربت

پرواز کن ای کفتر دل تا «سَخی» جانم
شاید که برگردی سفید و پاک، مرجانم

می‌فهمی؟

معنی بستن و بشکستن پر می‌فهمی؟
بی تو ماندن شده اجبارِ سفر، می‌فهمی؟

ماندنت، خواستنت، رمز تکاپوی من است
از شبم تا به تجلی سحر می‌فهمی؟

سایه‌ام گاه به پرواز چنان نزدیک است
که مرا برده به پابوس خطر، می‌فهمی؟

گاه شیرین و گهی تلخ و دمی سردرگم
واژه‌ها چیده شده، فصل حذر، می‌فهمی؟

تا خدا هست، غزل هست، حدیث من و تو
خوش درخشیده به پاکی گهر، می‌فهمی؟

امتداد درد

یک رود حسرت‌ایم، به دریا نمی‌رسیم
تا باغ‌های روشن رؤیا نمی‌رسیم

دستی بگیر در گذر از امتداد درد
امروز نگذرد، که به فردا نمی‌رسیم!

دست شکسته بر دل بیمار می‌نهیم
ما می‌شویم، ساده و تنها نمی‌رسیم

این جاده‌های فاصله را تا که نشکنیم
بر قله‌های راسخ بابا نمی‌رسیم

مشق امید کرده و مُهری به لب زدیم
با این سکوت گُنگ، دریغا نمی‌رسیم

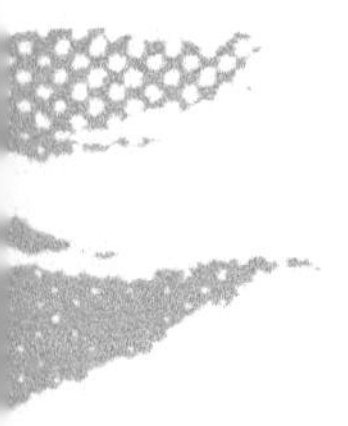

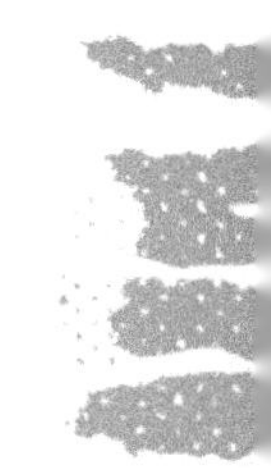

فرد پاییزی

شکوفا می‌شوم آیا منم، یک فرد پاییزی؟
رهایم کن از این رنگ تعلق، زرد پاییزی

و گم شد ناله‌ام در پیچ‌وتاب بادها امشب
ببین، جان می‌دهم در چنگ باد سرد پاییزی

به خود می‌پیچم اما، غنچه‌ای نشکفت در جانم
تنم محکوم یک درد است، یک شبگرد پاییزی

غریبی، نامرادی، اشک، این خونابهٔ حسرت
نهال آرزویم را به یکدم کرد پاییزی

خزان روزگارم را مروری این چنین باید!
که داغ بی‌سرانجامی‌ست دستاورد پاییزی

خسته‌بالی

میراث‌دار فصل تب و خشکسالی‌ام
بنگر که من نهایت آشفته‌حالی‌ام

تردیدم و شکایت و درد و غریبگی
پاسخ بگو به من، به نگاه سوالی‌ام

تا آسمان باور تو پر زدم ولی
من خسته‌ام، خسته از این خسته بالی‌ام

سنگسار اگر شوم به زبانت، گلایه نیست
من مانده‌ام و سنگ تو و دست خالی‌ام

طوفان اگر غبار غریبی به من نشاند
بر شهر تو بنا شده قصر خیالی‌ام

من آشناترم به تو و زخم‌های تو
بیگانه نیستم، منم از این حوالی‌ام

از درس مهربانی تو سهم من چه شد؟
من مشق‌های خط زدهٔ این اهالی‌ام

کرانه‌های هریوا

هنوز روی پرت اشک آسمان باقی‌ست
به کوه و دشت و دمن زردی خزان باقی‌ست

اگرچه سوخته دل، در هجوم وحشت و درد
هنوز چشم سیاه تو، خون‌فشان باقی‌ست

هنوز بوی تنت عطرِ تند باروت است
و لاله‌های مزارت، چه خون‌چکان باقی‌ست

بخوان مرا که رساتر ز نفخ صور در این .
قیامت تو بخوانم، هنوز، جان باقی‌ست

هرات و باخترت، شانه‌های پامیرت
کرانه‌های هریوا، کران‌کران باقی‌ست

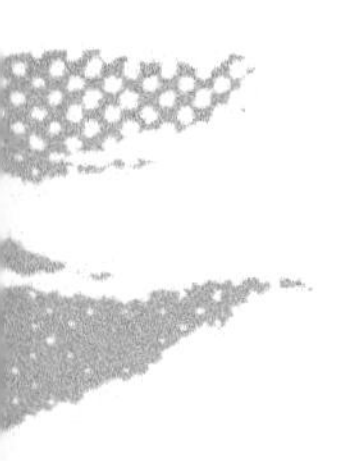

آسمان سیاه

آسمان بام بلندی است که تنگ است و سیاه
خواب و رؤیا به شب صاعقه ننگ است و سیاه

سایه‌های شبح ظلم بلند است و زمین
فصل ناجو و تبر، شیشه و سنگ است و سیاه

بهر خونخواهی آزاده‌ترین مردم شهر
ما فقط شعر سرودیم، جفنگ است و سیاه

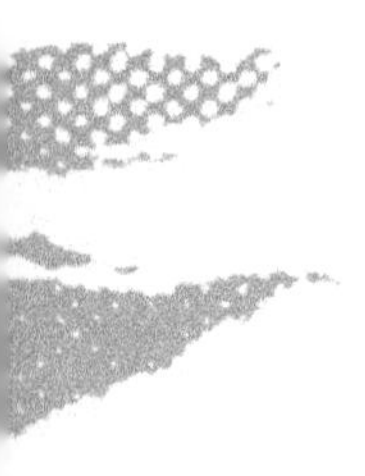

تا به کی خانه به دوشی؟ به افق چنگ زنید
پایهٔ تفرقه سرمایهٔ جنگ است و سیاه

سال‌ها چشم کشیدیم و سپاهی نرسید
آه، در فاصله غرقیم، درنگ است و سیاه

نو، سپید و نیمایی

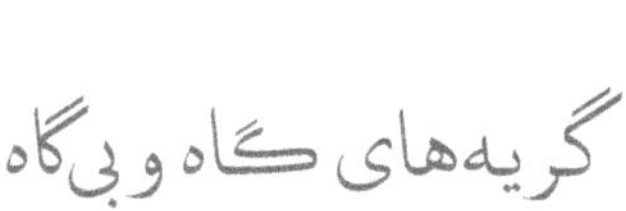

گریه‌های گاه و بی‌گاه

حک شده‌ای
روی عقربهٔ ثانیه‌گرد زندگی‌ام
قرنی هم اگر بگذرد
تماشای تو مرا به گریه وامی‌دارد
این گریه‌های گاه و بیگاه را دوست می‌دارم

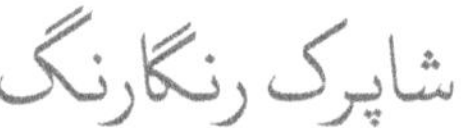

شاپرک رنگارنگ

یک استکان چای تلخ
یک صندلی و من کنار پنجره
روزهای خوش آفتابی
شاپرکی رنگارنگ مرا به بازی می‌گرفت
سرگرم می‌شدم سرگرم بازی رنگ‌ها
و اما؛ امروز، من مانده‌ام در هجوم مه
مهی غلیظ، که رنگ‌ها را در خود محو کرده
پنجره را بسته‌ام

تا خشم باد موهایم را درهم نپیچاند
صبرم لبریز، لبریز!
دست کوچک کودکم سرم را به نوازش می‌گیرد
با زبان کودکانه‌اش قصه می‌گوید
به اجبار باز می‌گردم
از مه‌آلودگی‌های اندیشه‌ام
شاید کودکم شاپرک رنگارنگی‌ست
که در روزهای مه‌آلود
کنار پنجرۀ دلم می‌نشیند
دست دلم را به او می‌سپارم
مرا می‌کشاند تا کنارۀ رها شدن
از دنیایش می‌آموزم
که دلخوش باشم
به بازیچه‌هایی هرچند کوچک
هرچند ساده آری!
او مرا دلخوش می‌سازد
به فردایی بهتر از امروز
زنده خواهم ماند...
تا فردایی دیگر را در آیینۀ چشمانش تماشا کنم
زنده خواهم ماند
تا پرواز شاپرکم را تا اوج به نظاره بنشینم.

بهمن خشم

تا نوشتم مهتاب، ظلمت شب خندید
تا نوشتم خورشید، ابر حسرت غرید
خواستم تا بنگارم ز بهار
باز از شانه ی کوهِ پامیربهمن خشم به دامان شقایق غلتید
خون به پهنای زمستان پاشید
آه!

ای حقّ فراموش شده!
پس کجایی
که به دادم برسی؟

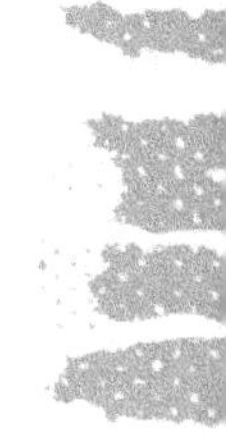

بقچهٔ تنهایی

دیروز بقچهٔ تنهایی‌ام را بستم
دست کودک سیاه چردهٔ غمم را گرفتم
و عزم سفر کردم
سلانه‌سلانه رفتیم تا کرانهٔ آبی دریا
از چوب درخت استوار امیدم بلمی ساختم
کودک غم را در آن نشاندم و

بقچهٔ تنهایی‌ام را توشهٔ راهش نمودم
او راهی بی‌کرانه‌ها شد
و من سبک بار در سایهٔ امید آرمیدم
حتماً باز هم
فرشتهٔ مهربانی
سراغی ازمن خواهد گرفت.

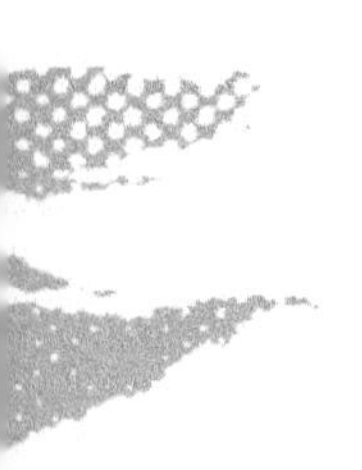

دریا به دریا

یادم نیست رأی داده باشم
به التهاب سال‌های انتظار
انتظاری که برای داشتن یک تکه از وسعت زمین کشیده‌ام
یادم نمی‌آید
کی برگزیده‌ام؟
بی سرو سامانی را

دریا به دریا
در جست‌وجوی یک جرعه سکوت
من انتخاب نکرده‌ام این همه حباب را
انتحار و رقص خون
این همه سوال بی‌جواب را...

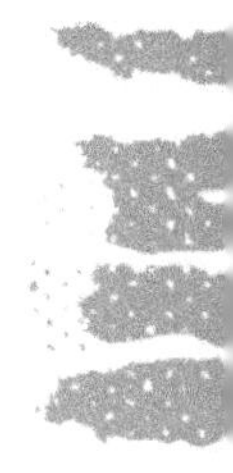

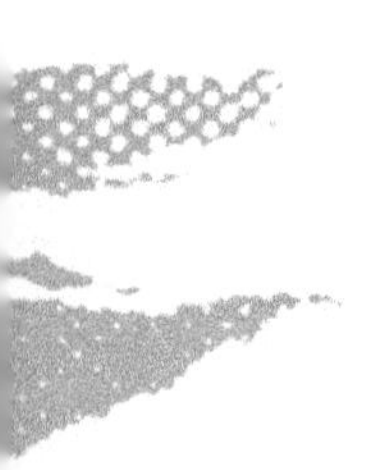

آهوی خواب

غروب هشداری است برای رسیدن شب
و مهتاب
از لابه‌لای
قرص‌های آرام‌بخش چشمک می‌زند
چه‌قدر دیر می‌رسد طلوع
هنگامی که

آهوی خواب
از نیزار مژگانت می‌گریزد.

دیوار

هر روز بقچهٔ احساسم را
پشت همان دیواری می‌گشایم
که بر آن سر گذاشتم
تو قایم شدی و من،
هیچ گاه پیدایت نکردم.

نیشخند موزیانه

شبی که خواب با چشمانم قهر می‌کند
خیال فرصت‌طلب تو
اندیشه‌ام را به سلابه می‌کشد
به یاد می‌آورم
ته سیگار روشنت را
بر حریر سفید دامنم انداختی

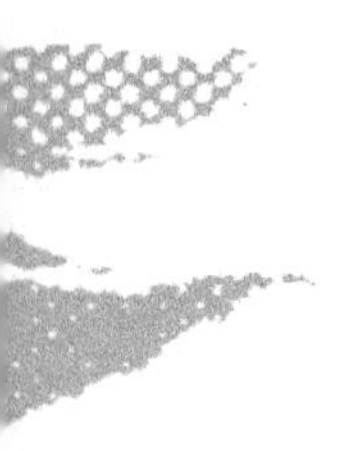

آبله‌های به‌جامانده از سوختگی
یادآور نیشخند موذیانه‌ای است
که خلوتم را می‌خراشد.

از من عبور کن

آهسته‌تر از بوی گل به خویش می‌خوانمت
به آرامی...
از من عبور کن
از شتاب می‌ترسم
راستی در عجبم!
کِرمی که تا دیروز آفتی بود برای شاخه‌های سبز توت

امروز
چگونه
مظهر زیبایی است
تو می‌دانی؟
شاید هنگام که...
در پیلهٔ تنهایی حبس شده بود
راز زیبا شدن را یافته باشد
کاش رازش را در گوشم زمزمه می‌کرد
تا حال که در این سکوت نامتناهی حبس شده‌ام
طلسم نازیبایی‌ها را در خود بشکنم
پیله‌ام را بگشایم...
و تو، چون نسیمی بهاری
آرام‌تر از بوی گل به من بپیوندی
خوب می‌دانم که
مرا زیبا می‌خواهی
زیبا
چون شاپرکی که تازه متولد شده باشد.

دل‌خون‌تر از انار

یلدا برای ما
تکرار هر شب است
اشباح شده هوای اتاق ز طنین شعر
دل‌خون‌تر از انار و بی‌تاب‌تر از
نالهٔ من در نبود دوست
امشب هزار پستهٔ خندان روبه‌رو
لبخند را هدیه به لب‌های ما نکرد

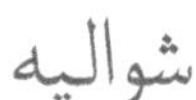

شوالیه

این روزها
چون شوالیه‌ای مدام
رو در روی خودم در میدان جنگم
زخمی‌ام...
اما؛
از میدان به در نخواهم شد